AF494183

1908 (Mai 18)

VENTE
DU LUNDI 18 MAI 1908
à 2 heures 1/2
HOTEL DROUOT, Salle N° 11

BOIS SCULPTÉS

DE

Travail Allemand

DES XVe ET XVIe SIÈCLES

Collection de M. le Comte d'A.

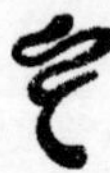

Me Gustave COULON
Commissaire-Priseur

MM. MANNHEIM
Experts

Bois Sculptés

DE

Travail Allemand

DES XV ET XVI SIÈCLES

Collection de M. le Comte d'A.

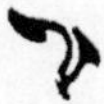

CONDITIONS DE LA VENTE

Elle sera faite au comptant.

Les acquéreurs paieront dix pour cent en sus des enchères.

L'exposition permettant au public de se rendre compte de la nature et de l'état des objets mis en vente, aucune réclamation ne sera admise une fois l'adjudication prononcée.

Les objets précédés d'un asterisque * sont ceux reproduits dans le Catalogue.

CATALOGUE

DES

BOIS SCULPTÉS

DE

Travail Allemand

DES XV ET XVI SIÈCLES

Composant la Collection de M. le Comte d'A.

ET DONT LA VENTE AURA LIEU A PARIS

HOTEL DROUOT, SALLE N° 11

Le Lundi 18 Mai 1908

A 2 HEURES 1/2

BIBLIOTHÈQUE NATIONALE R. F.

COMMISSAIRE-PRISEUR	EXPERTS
Mᵉ Gustave COULON	MM. MANNHEIM
12, Rue de la Victoire	*7, Rue Saint-Georges*

EXPOSITION PUBLIQUE

Le Dimanche 17 Mai 1908, de 1 heure 1/2 à 5 heures 1/2

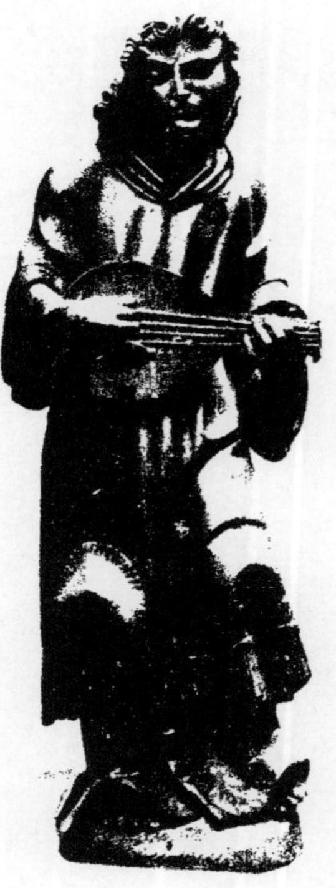

N 2

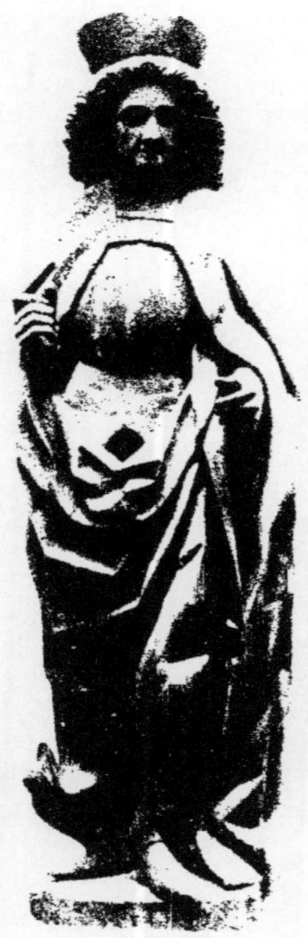

N 6

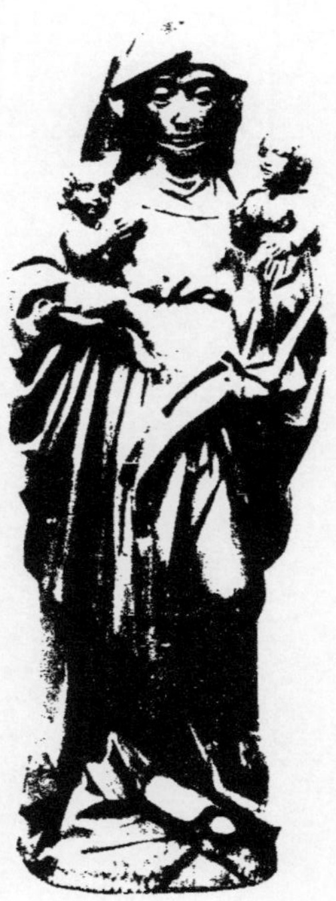

N 11

BOIS SCULPTÉS

1. — ***Haut-relief*** sans fond en bois sculpté, peint et doré, présentant la Piéta: la Vierge assise tient sur ses genoux le corps du Christ.

Travail bavarois, XVe siècle.

Largeur, 67 cent.; Hauteur, 65 cent.

*2. — ***Statuette-applique*** en bois sculpté, présentant un ange debout, amplement drapé et pinçant du luth.

Travail bavarois, fin du XVe siècle.

Hauteur, 78 cent.

3. — ***Groupe-applique*** en bois sculpté peint et doré. La Vierge, assise, tient de la main droite un fruit qu'elle présente à l'Enfant Jésus nu et debout sur ses genoux.

Travail bavarois, fin du XVe siècle.

Largeur, 55 cent.; Hauteur, 85 cent.

4. — ***Statuette équestre*** en bois sculpté, peint et doré. Saint Georges, coiffé d'une salade, revêtu d'une armure complète, est monté sur un cheval qui foule aux pieds le dragon.

Travail bavarois, fin du XVe siècle.

Largeur, 80 cent.; Hauteur, 92 cent.

5. — ***Figure-Applique*** en bois sculpté: Sainte Catherine debout tenant de la main droite un livre ouvert et foulant aux pieds l'Empereur Maximin.

Travail bavarois, fin du XVe siècle.

Largeur, 28 cent.; Hauteur, 60 cent.

*6. — **Statuette-applique** en bois sculpté, représentant Saint Maurice debout, coiffé d'une toque et revêtu d'une armure couverte d'un long manteau.

Travail bavarois, fin du xve siècle.

Hauteur, 90 cent.

7. — **Figure-applique** en bois sculpté, représentant un ange debout déployant une draperie de ses deux mains.

Travail bavarois, fin du xve siècle.

Largeur, 42 cent. ; Hauteur 1 m. 14 cent.

*8. — **Bas-relief** rectangulaire en bois sculpté, peint et doré représentant le sujet de l'Annonciation : l'ange Gabriel, tenant un phylactère, fait le geste de la bénédiction en s'avançant vers la Vierge qui est agenouillée à son prie-Dieu. Au fond la porte et la fenêtre de la chambre avec quelques ustensiles sur une étagère.

Travail de la Souabe, école de Syrlin. Fin du xve siècle.

Largeur, [illegible]8 cent. ; Hauteur, [illegible]1 cent.

*9. — **Rétable** en bois sculpté, peint et doré, présentant l'Adoration des Mages. La Vierge est assise sur les premières marches d'un escalier ; derrière elle, se tient Saint Joseph. Elle porte sur ses genoux l'Enfant Jésus qui fait le geste de bénédiction et devant qui est agenouillé l'un des trois Mages. Les autres Mages s'avancent vers lui, suivis de neuf personnages dans des attitudes variées. Au second plan, une muraille en ruines. La scène se passe sous une quadruple arcade gothique flamboyante.

Travail tyrolien, école de Michel Pacher. Fin du xve siècle.

Largeur, 1 m. 3[illegible] cent. ; Hauteur 1 m. 65 cent.

*10. — **Statuette-applique** en bois sculpté, représentant Saint Maurice debout, coiffé d'une toque et portant une armure maximilienne recouverte d'un long manteau.

Sur la base, une inscription.

Travail tyrolien de la fin du xve siècle.

Hauteur, 1 m. [illegible] cent.

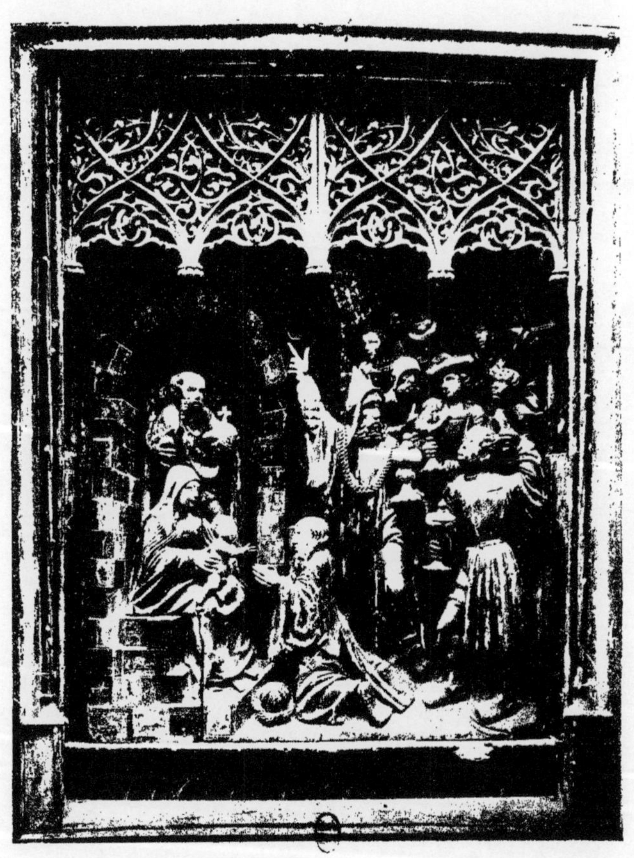

Nº 9

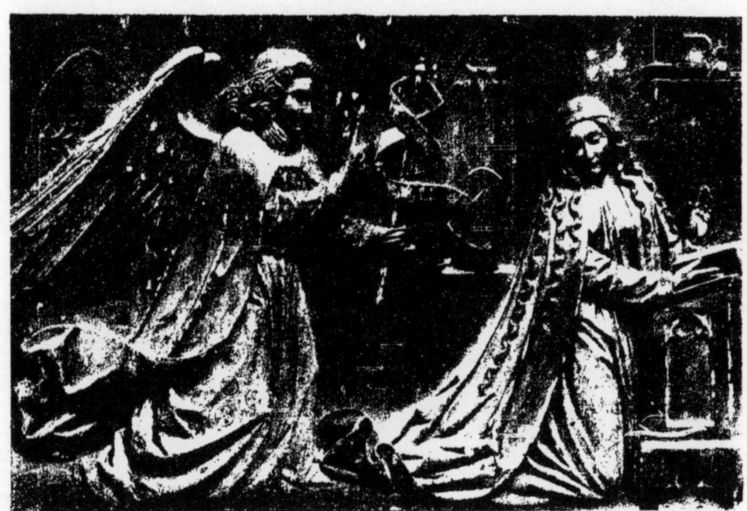

N 8

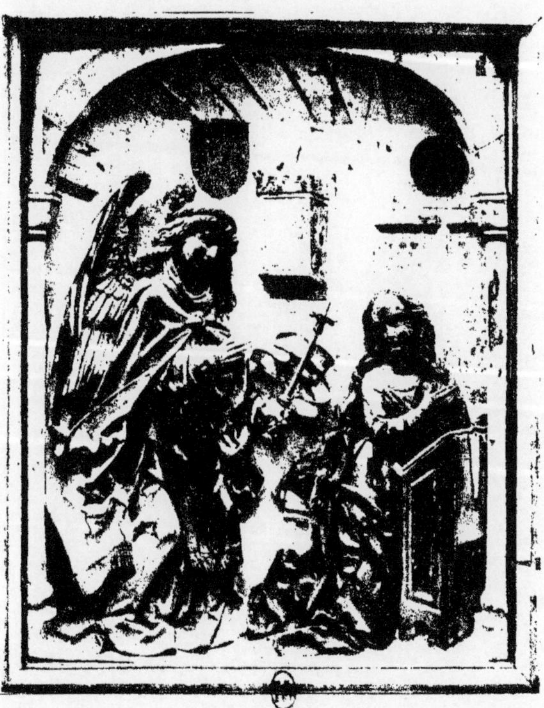

N 16

*11. — ***Groupe*** en bois sculpté : Sainte Anne debout portant sur le bras droit l'Enfant Jésus et sur le bras gauche la Vierge : l'enfant Jésus est nu et tient un fruit des deux mains : la Vierge tend les mains vers lui.

Travail de Franconie, fin du xve siècle.

Hauteur, 70 cent.

12. — ***Groupe-applique*** en bois sculpté : Sainte Anne assise, tenant de la main gauche la Vierge debout sur ses genoux, les mains jointes.

Travail rhénan, fin du xve siècle.

Hauteur, 60 cent.

13. — ***Statuette*** en bois sculpté, peint et doré. Saint Florian debout, vêtu de l'armure et tenant de la main gauche le seau dont il verse l'eau sur la maison en flammes.

Fin du xve siècle.

Hauteur, 60 cent.

14. — ***Bas-relief*** en bois sculpté présentant l'Adoration des Rois Mages. Les trois rois, richement vêtus, apportent leurs présents à l'Enfant Jésus assis sur les genoux de la Vierge. Au second plan, Saint Joseph et, dans le ciel, l'étoile ainsi qu'un petit ange.

Travail bavarois, commencement du xvie siècle.

Largeur, 30 cent. ; Hauteur, 56 cent.

15. — ***Bas-relief*** en bois sculpté présentant l'Annonciation. L'Ange Gabriel tenant le sceptre s'avance vers la Vierge qui, les bras croisés, est agenouillée à son prie-Dieu sous un dais. L'intérieur du prie-Dieu contient divers ustensiles.

Travail bavarois, commencement du xvie siècle.

Largeur, 32 cent. ; Hauteur, 55 cent.

*16. — ***Haut-relief*** rectangulaire en bois sculpté, peint et doré : l'Annonciation. L'Ange Gabriel, tenant un sceptre et un phylactère, s'approche de la Vierge en faisant le geste de la bénédiction. La Vierge est agenouillée à son prie-Dieu, les bras croisés et tourne la tête vers l'ange. La scène se passe dans une chambre dont on aperçoit la fenêtre et les poutrelles. Au fond, une petite armoire d'applique.

Travail bavarois, commencement du XVIᵉ siècle.

Largeur, [illegible]3 cent. ; Hauteur, 88 cent.

17. — ***Haut-relief*** sans fond en bois sculpté et peint présentant l'Annonciation. La Vierge est agenouillée à gauche, la main gauche levée. l'Ange Gabriel se tient debout auprès d'elle.

Travail bavarois, commencement du XVIᵉ siècle.

Largeur, 52 cent. ; Hauteur, 80 cent.

18. — ***Bas-relief*** rectangulaire en bois sculpté, peint et doré, présentant l'Annonciation. L'Ange Gabriel s'approche de la Vierge qui est vue de face agenouillée à son prie-Dieu. Au-dessus d'elle, le Saint-Esprit sous un dais.

Travail bavarois, commencement du XVIᵉ siècle.

Largeur, 88 cent. ; Hauteur, 70 cent.

*19. — ***Groupe-applique*** en bois sculpté et peint, présentant Sainte Anne debout, tenant sur le bras droit l'Enfant Jésus nu, il tend un fruit à la Vierge qui lève la tête vers lui.

Travail bavarois, commencement du XVIᵉ siècle.

Hauteur 1 m. 20 cent.

20. — ***Haut-relief*** en bois sculpté présentant la crèche. Dans un berceau d'osier est couché l'enfant Jésus sur une draperie que tiennent trois angelots; la Vierge est agenouillée près de lui et Saint Joseph se penche pour contempler le Nouveau-né. Au second plan, le bœuf et l'âne et, à l'entrée de la crèche, deux bergers.

Travail bavarois, commencement du XVIᵉ siècle.

Largeur, 65 cent. ; Hauteur, 50 cent.

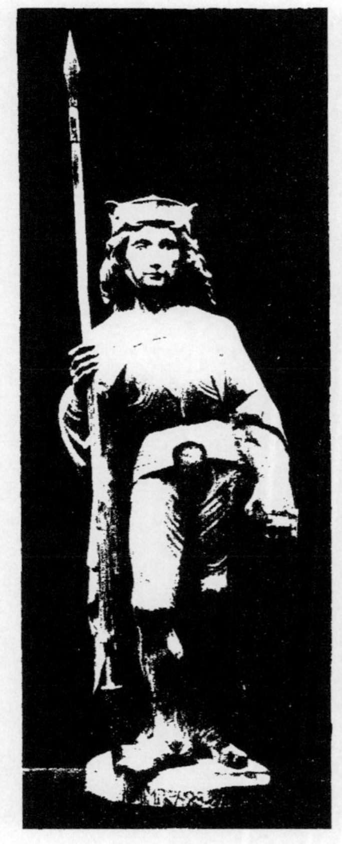

N° 10

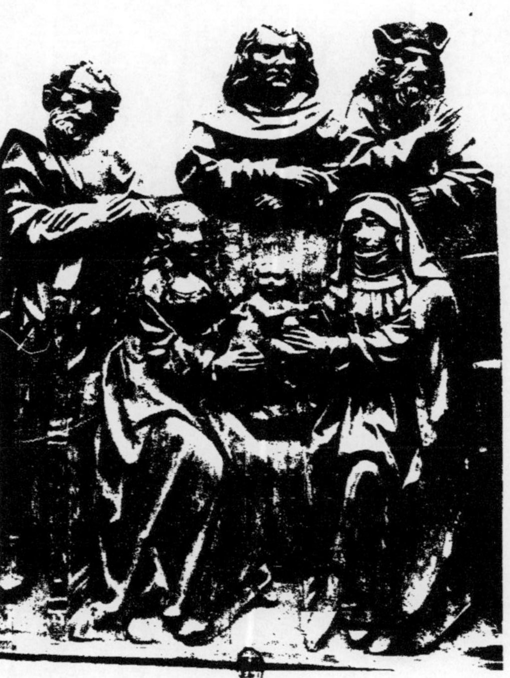

N° 22

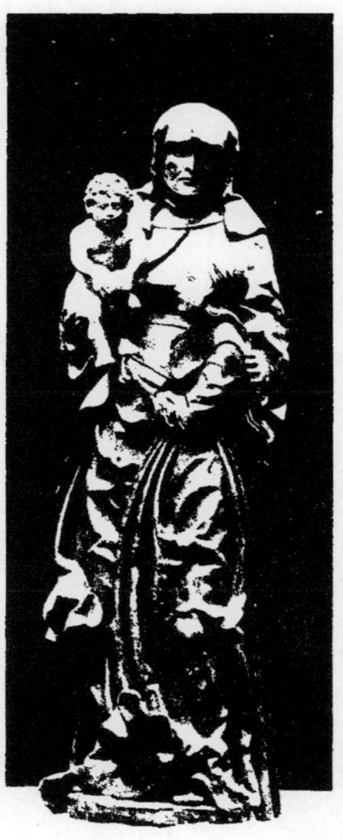

N° 19

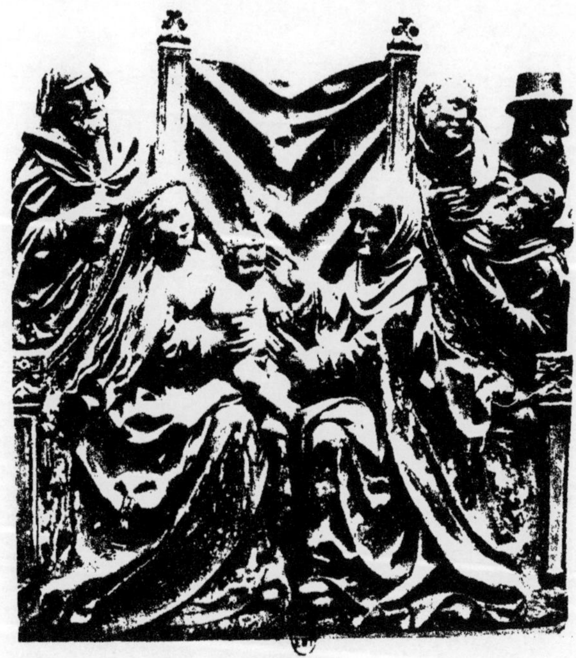

N 23

21. — ***Bas-relief*** rectangulaire en bois sculpté, peint et doré, présentant l'Annonciation. La Vierge, agenouillée à son prie-Dieu, tourne la tête vers l'ange Gabriel qui la bénit et plie le genou.

Travail bavarois, commencement du XVIe siècle.

Largeur [illegible] ; Hauteur [illegible]

*22. — ***Bas-relief*** sans fond en bois sculpté et peint, présentant la Sainte Famille. Sur une stalle sont assises Sainte Anne et la Vierge ; entre elles se voit l'enfant Jésus à qui Sainte Anne présente un fruit. Derrière la stalle sont accoudés Saint Joseph et deux personnages.

Travail de la Franconie. Commencement du XVIe siècle.

Largeur [illegible] ; Hauteur [illegible]

*23. — ***Haut-relief*** en bois sculpté, peint et doré, présentant la Sainte Famille. Sainte Anne et la Vierge sont assises sur un trône ; entre elles se tient l'enfant Jésus, sur les genoux de la Vierge, un fruit à la main. Derrière le trône s'appuient d'une part Saint Joseph, de l'autre trois personnages.

Travail de Franconie, commencement du XVIe siècle.

Largeur [illegible] ; Hauteur [illegible]

24. — ***Haut-relief*** sans fond en bois sculpté, peint et doré, présentant la mort de la Vierge. Elle est étendue sur un lit et est entourée de sept apôtres dans diverses attitudes. Socle à arcades trilobées.

Travail bavarois, XVIe siècle.

Largeur [illegible] ; Hauteur [illegible]

25. — **Groupe** en bois sculpté avec traces de dorure et de peinture : la Pietà. Le Christ est étendu à terre ; la Vierge le retient de la main gauche et lui appuie la tête sur son genou. XVIe siècle.

Largeur [illegible] ; Hauteur [illegible]

26. — **Deux colonnettes** en bois peint, genre gothique.

Hauteur [illegible]

27. — **Deux consoles** supports d'angle en bois sculpté et peint, genre gothique.

Hauteur [illegible]

[illegible]. — PARIS. — IMP. HEMMERLÉ ET Cie. — [illegible].

Collection de M. le Comte d'A.

RÉSUMÉ DU CATALOGUE

DES

BOIS SCULPTÉS DE TRAVAIL ALLEMAND

DES XVe ET XVIe SIÈCLES

VENTE du Lundi 18 Mai 1908

COMMISSAIRE-PRISEUR :	EXPERTS :
Me **Gustave COULON**	**MM. MANNHEIM**
12, Rue de la Victoire	*7, Rue Saint-Georges*

1 **Haut-relief.** La Piéta . . . .

2 **Statuette-applique.** Ange debout pinçant du luth . .

3 **Groupe-applique.** La Vierge assise et l'Enfant Jésus. .

4 **Statuette équestre.** Saint Georges. . . . .

5 **Figure-applique.** Sainte Catherine. . . . .

6 **Statuette-applique.** Saint Maurice . . . .

7 **Figure-applique.** Ange debout. . . . .

8 **Bas-relief.** L'Annonciation . . . .

9 **Rétable.** L'Adoration des Mages. . . . .

10 **Statuette-applique.** Saint Maurice. . . . .

11 **Groupe.** Sainte Anne, l'Enfant Jésus et la Vierge. . .

12 **Groupe-applique.** Sainte Anne et la Vierge. . . . . .

13 **Statuette.** Saint Florian. . . . .

14 **Bas-relief.** L'Adoration des Rois Mages. . . . .

15 **Bas-relief.** L'Annonciation . . . .

16 **Haut-relief.** L'Annonciation. . . . .

17 **Haut-relief.** L'Annonciation. . . . .

18 **Bas-relief.** L'Annonciation . . . .

19 **Groupe-applique.** Sainte Anne, l'Enfant Jésus et la Vierge . . . .

20 **Haut-relief.** La Crèche . . . .

21 **Bas-relief.** L'Annonciation . . . .

22 **Bas-relief.** La Sainte-Famille . . . .

23 **Haut-relief.** La Sainte-Famille . . . .

24 **Haut-relief.** La Mort de la Vierge . . . .

25 **Groupe.** La Piéta. . . . .

26 **Deux Colonnettes,** genre gothique. . . . .

27 **Deux Consoles-supports**, genre gothique . . . . . .

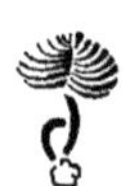

Paris
Imp. Hemmerlé et Cie
2 et 4, rue de Damiette.

www.ingramcontent.com/pod-product-compliance
Ingram Content Group UK Ltd.
Pitfield, Milton Keynes, MK11 3LW, UK
UKHW020532180726
13839UKWH00005B/2456

9 782329 500164